*Wenn deine Seele
unruhig ist,
dann führe
dein Engel dich
zu innerer Stärke.*

Gisela Baltes

Gisela Baltes

Dein Engel der Gelassenheit

Butzon & Bercker

Der Engel der Gelassenheit

Hektik und Stress
bringen dich manchmal
aus dem Gleichgewicht.

Dann brauchst du
den Engel der Gelassenheit.

Er leitet dich behutsam an,
all das loszulassen,
was dir Kraft und Ruhe raubt,
und zu dir selbst zu finden.

Sei achtsam und bereit,
von ihm zu lernen.

Die Stimme in deinem Innern

Manchmal
weißt du nicht mehr,
wo dir der Kopf steht.

Deine Nerven liegen blank,
weil wieder einmal
alles schiefgeht.

Dann atme tief durch
und horche in dich hinein.

Im Innern
mahnt dich eine Stimme:

Beruhige dich!
Gönne dir eine Pause!
Besinne dich darauf,
was wirklich wichtig ist.

Es ist der Engel der Gelassenheit,
der zu dir spricht.
Höre auf ihn!

Innere Stärke

Wenn deine Seele unruhig ist,
dann führe dein Engel dich
zu innerer Stärke.

Er unterstütze dich
in dem Bemühen,
wieder in Kontakt
mit dir selbst zu kommen,
um aus deiner Mitte zu leben.

Fest stehen

*Wenn du
einen festen Stand
in der Welt hast,
trotzt du
jedem Sturm.*

Guter Rat

Dein Engel rät dir
zur Gelassenheit:

Atme tief durch,
bevor du dich aufregst.

Schau genau hin,
bevor du urteilst.

Lass dir Zeit,
bevor du entscheidest.

Denke nach,
bevor du redest.

Gleichmut

Bleibe
bei dir selbst.

Lass dich nicht
beunruhigen
von der Vielfalt
der Meinungen.

Drei-Minuten-Übung

Suche dir eine ruhigen Platz.
Setze dich entspannt hin.
Schließe die Augen.
Achte auf deine Atmung.

Einatmen.
Ausatmen.

Abschweifende Gedanken
hole wieder zurück
zur Atmung.

Nach drei Minuten
recke und strecke dich.

Lächle!

Dankbar

Dein Engel öffne deine Sinne
für die Vielfalt des Lebens
und die Wunder der Schöpfung.

Er erinnere dich an alles Gute,
das dein Leben bereichert.

Er gebe dir die richtigen Worte,
um deine Dankbarkeit auszudrücken.

Schau genau hin

Es gibt so vieles,
an dem du dich
freuen kannst.

Du musst nur
genau hinschauen.

Halt!

Woran denkst du gerade?
An das, was du gleich tun wirst?
An morgen? An nächstes Jahr?

Wo bist du
mit deinen Gedanken?
Schau dich um!

Schau auf den Weg,
den du gerade gehst,
auf die Menschen,
denen du begegnest.

Sei ganz
im Hier und Jetzt!

Jetzt

*Nichts
ist wichtiger als
der Mensch,
der Baum,
die Blume,
die du
gerade jetzt
vor dir hast.*

Kleine Testreihe

Einfach mal
nicht aufregen,
wenn etwas schiefgeht.
Kannst du das?

Einfach mal
keine Leistung bringen,
ohne Termine sein.
Kannst du das?

Einfach mal
in der Sonne sitzen
und nichts tun.
Kannst du das?

Einfach mal
das Leben genießen.
Kannst du das
nicht mal ausprobieren?

Endlich loslassen

Nach Jahren
rastloser Suche,
ehrgeiziger Pläne,
immer neuer Ziele,
ungelöster Probleme,
ermüdender Konflikte,
kräftezehrender Sorgen,

nach all diesen unruhigen Jahren

zur Ruhe kommen,
gelassen werden
und dennoch
wach und lebendig bleiben.

Endlich loslassen!

Gehen lassen

Die Kinder werden erwachsen,
selbstständig,
drängen hinaus.
Du versuchst sie zu halten.

Lass sie gehen,
sagt dein Engel.
Höchste Zeit,
dein eigenes Leben
wiederzuentdecken.

Balance

Gelassenheit
ist die Balance
zwischen lieben
und loslassen.

Zur Ruhe kommen

In hektischen Zeiten
lasse dich ein Engel
zur Ruhe kommen.

Er helfe dir,
deine Gedanken zu ordnen
und deine Sorgen loszulassen.

Am Abend lasse er dich
beruhigt einschlafen
und am Morgen voll Freude
den neuen Tag begrüßen.

*Der Gelassene
ruht in sich,
weil er seiner Seele
Zeit lässt,
zu verarbeiten,
was Tag für Tag
auf ihn einstürmt.*

In die Tiefe gehen

Wachsen:
Neues lernen.
Begegnungen wagen.
Sicherheiten in Frage stellen.
Erfahrungen sammeln.
Entwicklungen zulassen.
Erinnerungen hüten.

Reifen:
Behutsam, achtsam
nach innen schauen.
Wie beim Zwiebelschälen
Schicht für Schicht ablösen.
In die Tiefe gehen.
Gelassen werden.

Kontemplativ leben

Ganz bei mir sein,
jeden Tag,
jede Stunde,
jeden Augenblick.

Hingegeben
an den Augenblick,
ganz bei dem sein,
was ich gerade tue.

Zeitlosigkeit erfahren,
eine Ahnung von Ewigkeit
hineinlassen
in meine Gegenwart.

Friedensgruß

Der Friede sei mit dir
und erfülle dich
mit Ruhe und Gelassenheit.

Der Friede sei mit dir,
damit du Wege des Ausgleichs findest,
um Missverständnisse aufzuklären,
Zornige zu besänftigen,
Feinde zusammenzuführen
und Streitende zu versöhnen.

Der Friede sei mit dir,
damit du achtsam mit dir selbst umgehst,
Geduld und Verständnis hast
für die Widersprüchlichkeiten in dir
und im Einklang mit dir selbst lebst.

Vergänglich

Die meisten Dinge
in deinem Leben
haben für dich
nur die Bedeutung,
die du ihnen zumisst.

Alles, was dich
heute beunruhigt,
ist schon morgen
Vergangenheit.

Viel Lärm um nichts

Mancher
kleine Ärger
blääähhht sich auf,
macht sich schrecklich wichtig.
Doch wenn du ihn einfach auslachst
oder gar nicht erst beachtest,
wirst du sehen, wie
der ganze Spuk
in sich zu-
sammen-
fällt.

Der Gelassene nimmt das Leben so, wie es ist: manchmal leicht, manchmal schwer.

Fehlerfreundlichkeit

Fehler
sind nicht dasselbe
wie Schuld.

Fehler
brauchen
sehr viel Geduld.

Fehler
machen ganz sicherlich
die anderen Leute
genauso wie ich.

Jeder schießt mal ein Eigentor.
Darum nehme ich mir ab heute vor:
über fremde Fehler
viel mehr zu lachen
und bei meinen
mir weniger Sorgen zu machen.

Und so lerne ich dann
vielleicht mit der Zeit
Fehlerfreundlichkeit.

Gelassen alt werden

Wie schrecklich!
Mit jedem Tag werde ich älter.
Immer mehr Falten!
Immer mehr graue Haare!

Jammern hilft nichts,
sagt mein Engel.
Du kannst nicht jünger werden,
die Zeit nicht anhalten.

Aber du kannst
alle deine Tage mit Sinn füllen.
Offen bleiben, Neues wagen,
Veränderungen zulassen,
wissbegierig, lernfreudig bleiben.

Nie fertig sein, vorwärtsschauen.
Die Lichtblicke deiner Gegenwart
bewusst wahrnehmen
und dich freuen.

Ich hab's geahnt

Ich hab mir freigenommen:
von dem, was ich muss,
von dem, was ich darf,
von dem, was ich mag.

Am Anfang hab ich noch dauernd
auf die Uhr geschaut:
Jetzt müsste ich eigentlich …
Jetzt könnte ich eigentlich …
Jetzt wäre ich eigentlich …

Dann hab ich mich hingesetzt,
ganz ruhig hingesetzt
und einfach mal
alles losgelassen.

Und siehe da:
Es hat kein Hahn nach mir gekräht.
Und alle Hühner
haben ohne mich gegackert.

Ich hab's geahnt:
Es geht auch ohne mich.

Heitere Gelassenheit

In heißen Diskussionen
einen kühlen Kopf bewahren.

Angriffslustige Zeitgenossen
mit einem Lächeln entwaffnen.

Unfaire Attacken
elegant parieren.

Spitze Bemerkungen
mit Humor entschärfen.

Lähmende Lustlosigkeit
mit guter Laune vertreiben.

*Und
in besonderen Fällen
kann auch ein bisschen
Galgenhumor
nützlich sein.*

Im Getriebe des Lebens

Ich wünsche dir einen Engel,
der dich im Getriebe des Lebens
still werden lässt und dich anregt,
Körper und Geist zu entspannen.

Er lasse die Hektik des Alltags
von dir abfallen
und deine Gedanken
zur Ruhe kommen.

Er schenke dir Gelassenheit
und inneren Frieden.
Fern von Unrast und Lärm
lasse er dich zu dir selbst finden.

Illustrationen: 2design Stump & Stump

Bibliografische Information der Deutschen Nationalbibliothek

Die Deutsche Nationalbibliothek verzeichnet diese Publikation in der Deutschen Nationalbibliografie; detaillierte bibliografische Daten sind im Internet über http://dnb.d-nb.de abrufbar.

 Das Gesamtprogramm von Butzon & Bercker finden Sie im Internet unter www.bube.de

ISBN 978-3-7666-2132-0

© 2015 Butzon & Bercker GmbH, Hoogeweg 100, 47623 Kevelaer, Deutschland, www.bube.de
Alle Rechte vorbehalten.
Umschlaggestaltung: Werner Dennesen, Weeze
Satz: Roman Bold & Black, Köln

Printed in the Czech Republic